❦❦❦ Ciné-Module ❦❦❦

Cahier du Professeur

JEAN DE FLORETTE

Un film de Claude Berri
1986

Anne-Christine Rice

Copyright © 2004 Anne-Christine Rice

ISBN 10: 1-58510-133-8
ISBN 13: 978-1-58510-133-7

10 9 8 7 6 5 4 3

This book is published by Focus Publishing, R. Pullins & Company, Inc., PO Box 369, Newburyport MA 01950. All rights are reserved. No part of this publication may be reproduced, stored in a retrieval system, or transmitted in any form or by any means, electronic, mechanical, by photocopying, recording, or by any other means, without the prior written permission of the publisher.

A l'attention du professeur

Depuis sa sortie en 2000, le manuel *Cinema For French Conversation* a rencontré un franc succès dans les universités, mais beaucoup de professeurs de lycée m'ont demandé de l'adapter pour pouvoir l'utiliser avec leurs élèves. J'ai donc décidé de créer les *Ciné-modules*.

En quoi les *Ciné-modules* sont-ils différents des chapitres de *Cinema For French Conversation* ?

1. Un film par module : Les professeurs de lycée ont souvent moins de flexibilité que leurs collègues dans les universités, et il peut donc être difficile de faire beaucoup de films par an. Comme chaque *Ciné-module* ne traite que d'un film, les élèves ne se procurent que les modules dont ils ont besoin.

2. Des films adaptés à un public lycéen : Tous les films qui feront l'objet d'un *Ciné-module* me semblent adaptés aux élèves. C'est évidemment un choix très personnel et chaque professeur devra juger en fonction de sa classe, de la maturité et des goûts de ses élèves. Certains films classés « R » aux Etats-Unis feront l'objet d'un *Ciné-module* car ils sont d'un grand intérêt linguistique et culturel.

3. Certains ne seront pas choisis car il me semble qu'ils sont trop violents, qu'ils présentent des sujets dont il est délicat de parler au lycée ou qu'ils nécessitent une maturité que les lycéens n'ont sans doute pas.

4. Des activités adaptées aux besoins des lycéens :

    - Au lycée les jeunes n'ont souvent eu ni le temps ni l'occasion de se familiariser avec la culture, la géographie et l'histoire de France. Les questions posées dans « Le contexte » leur permettent donc de faire des recherches et de réfléchir avant de voir le film afin d'avoir les outils pour le comprendre et l'apprécier.

    - Deux photos permettent aux élèves (et notamment à ceux qui sont à un niveau moins avancé) d'avoir un support concret pour la discussion.

    - L'analyse très détaillée d'une scène donne l'occasion aux élèves de prendre du recul, de mettre la scène en perspective, d'approfondir leurs connaissances linguistiques, et de préparer un sketch.

A qui s'adressent les *Ciné-modules* ? Quel niveau les élèves doivent-ils avoir ?

Les *Ciné-modules* ont été conçus pour des lycéens au niveau intermédiaire ou avancé. Les questions et les activités proposées requièrent un bon niveau de leur part, mais il est tout à fait possible d'éliminer les exercices les plus difficiles. Peu de professeurs ont de toute façon le temps de faire toutes les activités proposées. Le but est donc d'offrir un large choix pour permettre à chacun de sélectionner ce qui convient à sa classe.

Pourquoi étudier *Jean de Florette* ?

Jean de Florette est l'un des films français les plus montrés en classe pour plusieurs raisons. C'est un grand classique qui peut être étudié à différents niveaux et qui permet aux élèves de sa familiariser avec une région splendide et un auteur très connu et très étudié en France. L'histoire est prenante et assez facile à suivre, même si l'accent provençal du Papet et d'Ugolin ne facilite pas la tâche des élèves. Enfin ce film est très facile à trouver en VHS et DVD.

Comment le film est-il classé ?

Il est classé PG aux Etats-Unis, «Famille» par Monsieur Cinéma et «Tous» par *Télérama*. Je pense aussi que ce film peut convenir et plaire à tous les publics.

Comment les élèves réagissent-ils ?

C'est un film formidable mais il est important de bien préparer sa classe. C'est effectivement une histoire triste et il est peut-être judicieux de prévenir les élèves (sans en dire trop!) pour qu'ils ne soient pas déçus. Comme ils ont toujours envie de savoir la suite de l'histoire, il convient de montrer *Manon des sources* peu de temps après *Jean de Florette* pour que leur intérêt n'ait pas le temps de retomber.

Comment le *Ciné-module* est-il organisé ?

Le module est organisé en trois parties : Préparation, Conversation en classe, et Approfondissement.

Préparation : Après une brève présentation du film, des renseignements sur le réalisateur et les acteurs, et les récompenses obtenues par le film, les élèves sont invités à apprendre du vocabulaire dont ils auront besoin pour analyser le film. Quelques phrases de traduction leur permettent de mettre en pratique ce vocabulaire. Il leur est ensuite demandé de faire des recherches sur des aspects culturels du film, notamment Pagnol et la Provence. Ces recherches peuvent faire l'objet d'exposés. Les questions posées dans « Le contexte » prolongent le travail de recherche. Enfin l'étude de la bande-annonce est un bon support de conversation avant de visionner le film.

Conversation en classe : La deuxième partie pose des questions précises sur le film. Elle permet de s'assurer que les élèves ont bien compris l'histoire et leur donne l'occasion de poser des questions pour éclaircir des passages qu'ils n'ont pas compris. Elle les invite aussi à réfléchir à l'enchaînement des événements et les encourage à utiliser le vocabulaire appris avant de voir le film.

Approfondissement : Cette dernière phase amène les élèves à réfléchir, analyser, comparer, enrichir leur vocabulaire, affiner leur esprit critique et approfondir leurs connaissances de la langue.

Quelle différence y a-t-il entre les *Ciné-modules* pour les élèves et les *Ciné-modules* pour les professeurs ?

Chaque titre a une version élève et une version professeur. Elles suivent exactement le même format. La version destinée aux professeurs propose des réponses à toutes les questions et aux exercices, et donne, en annexe, une liste d'adresses utiles pour se procurer les films et des photos, ainsi que des sites Internet ayant trait au cinéma. Bien sûr, l'analyse de films n'étant pas une science exacte, les *Ciné-modules* pour les professeurs n'ont ni le but ni l'ambition d'avoir réponse à tout. Ils proposent seulement des pistes de réponses et de réflexion.

Quelles activités peut-on faire pour approfondir l'étude de *Jean de Florette* ?

    a. **Oeuvre de Marcel Pagnol:** L'œuvre de Pagnol se prête bien à une étude en classe mais les romans sont difficiles à lire. Le style est descriptif et le vocabulaire est très pointu. En revanche les pièces de théâtre (*La femme du boulanger* en particulier) se lisent plus facilement et peuvent être intéressantes pour des élèves motivés. Les films de Pagnol et ceux tirés de son œuvre sont de bons compléments à l'étude de *Jean de Florette* et *Manon des sources*, notamment *La gloire de mon père* et *Le château de ma mère*, la trilogie *Marius – Fanny – César* et *La femme du boulanger*.

    b. **Autres auteurs provençaux:** Pour une étude plus approfondie de la Provence, il est intéressant de lire des extraits de l'œuvre de Jean Giono et de celle d'Alphonse Daudet.

    c. **Artistes:** De nombreux artistes ont été inspirés par la Provence. Les Impressionnistes étaient captivés par la lumière provençale et plusieurs, dont Monet et Renoir, ont séjourné en Provence pour peindre. Van Gogh et Gauguin ont eux aussi trouvé l'inspiration en Provence. Enfin Picasso a passé la plus grande partie de sa vie dans la région et y a peint de nombreux tableaux. Les élèves peuvent donc faire des recherches sur ces artistes et les œuvres qu'ils ont peintes en Provence.

Table des matières

Présentation du film 1
Carte d'identité du réalisateur 1
Carte d'identité des acteurs 1
L'heure de gloire 2

Préparation
    Vocabulaire 3
    I.   Traduisez! 4
    II. Repères culturels 4
    III. Le contexte 5
    IV. La bande-annonce 7

Conversation en classe
    Questions 8

Approfondissement
    Vocabulaire 12
        ▪ Enrichissez votre vocabulaire
        ▪ Jouez avec les mots
    I.   Réflexion – Essais 14
    II. Analyse de photos 18
    III. Analyse de citations 19
    IV. Sous-titres 20
    V. Analyse d'une scène : Les hommes au café
        A. Ecoutez 21
        B. Observez 22
        C. Cette scène dans l'histoire 23
        D. Langue 23
        E. Comparaison avec d'autres scènes 24
        F. Sketch 25
    VI. Lecture 26

Annexes
Vocabulaire du cinéma 28
Comment exprimer votre opinion 31
Addresses utiles 32

Jean de Florette

 ## Présentation du film

Provence, années 20. Jean s'installe avec sa femme et sa fille Manon dans une ferme dont il vient d'hériter. Il veut y faire un élevage de lapins et cultiver des légumes. C'est sans compter sur la convoitise de ses voisins, le Papet et Ugolin, qui ont bouché la précieuse source de Jean avant son arrivée...

 ## Carte d'identité du réalisateur

Claude Berri (né en 1934) est à la fois réalisateur, producteur et acteur. Il a commencé par de petits rôles au cinéma, puis a réalisé des courts-métrages. La consécration est venue avec *Le vieil homme et l'enfant* en 1966. Depuis, il a reçu de nombreux prix, en particulier pour *Tchao Pantin* (1983), *Jean de Florette* et *Manon des sources* (1986), *Uranus* (1990), *Germinal* (1993), et *Lucie Aubrac* (1997). En 2002 il a réalisé *Une femme de ménage*.

 ## Carte d'identité des acteurs

Yves Montand (1921-1991) a commencé comme chanteur avec l'aide d'Edith Piaf. C'est *Le salaire de la peur* (1953) qui a lancé sa carrière au cinéma. Il a ensuite été remarqué dans *Let's Make Love* (1960) (où il avait Marilyn Monroe comme partenaire), *Z* (1969), *César et Rosalie* (1972), *Garçon!* (1983), et enfin *Jean de Florette* (1986) et *Manon des sources* (1986) qui ont couronné sa carrière.

Daniel Auteuil (né en 1950) a d'abord été un acteur comique. C'est *Jean de Florette* et *Manon des sources* qui l'ont fait changer de registre, et il est alors devenu très demandé par les plus grands réalisateurs. Il sait être grave, comique, subtil, poignant, pudique, et surtout humain. Il a fait des prestations remarquées dans *Un cœur en hiver* (1992), *La Reine Margot* (1994), *Le Huitième jour* (1996), *Lucie Aubrac* (1997), *La fille sur le pont* (1999), *Le placard* (2001) et *L'adversaire* (2001).

Gérard Depardieu (né en 1948) est l'un des plus grands acteurs français de tous les temps. Energique, travailleur, généreux, excessif, il est capable de tout jouer. Il s'est imposé en 1974 dans *Les valseuses*, puis nombre de ses films ont été de très grands succès: *Le dernier métro* (1980), *Le retour de Martin Guerre* (1982), *Danton* (1983), *Camille Claudel* (1988), *Cyrano de Bergerac* (1990), *Tous les matins du monde* (1991), *Le Colonel Chabert* (1994), *Astérix et Obélix contre César* (1999), *Bon voyage* (2003). Il a été nommé 14 fois aux César et a reçu la Palme d'Or à Cannes pour *Cyrano de Bergerac*.

 ## L'heure de gloire

Jean de Florette a été récompensé aux César (meilleur acteur pour Daniel Auteuil, nomination pour le César du meilleur réalisateur, du meilleur film, du meilleur scénario, de la meilleure musique) et l'Académie Nationale du Cinéma lui a décerné le prix du meilleur film. Il a aussi été nommé aux Golden Globes comme meilleur film étranger.

PRÉPARATION

ABC Vocabulaire

Vocabulaire utile avant de voir le film:

Les noms:

un œillet: *a carnation*
un verger: *an orchard*
une source: *a spring*
un(e) héritier (-ère): *an heir*
un bossu: *a hunchback*
un nouveau-venu: *a newcomer*
une cucurbitacée: *a type of gourd*
une récolte: *a crop*

une sécheresse: *a drought*
un orage: *a thunderstorm*
une colline: *a hill*
un mulet: *a mule*
un puits: *a well*
un notaire: *a notary*
l'intrigue: *the plot*

Les verbes:

hériter: *to inherit*
boucher une source: *to block a spring*
faire pousser qqch: *to grow sth*
élever des lapins: *to breed rabbits*
faire peur à qq'un: *to frighten s.o.*
avoir des soucis: *to worry*

louer: *to rent*
avoir pitié de qq'un: *to pity s.o.*
s'enrichir: *to get rich*
creuser: *to dig*
pleurer: *to cry*
se taire: *to keep quiet*

Les adjectifs:

sec (sèche): *dry*
pluvieux (-euse): *rainy*
fertile: *fertile*
travailleur (-euse): *hard-working*
confiant(e): *confident*
obstiné(e): *stubborn*
fier (-ère): *proud*
calculateur (-trice): *calculating*
cupide: *greedy*

implacable: *unrelenting*
coupable: *guilty*
sensible: *sensitive*
rusé(e): *shrewd*
bête: *stupid*
influençable: *susceptible to influence*
émouvant(e): *moving*
passionnant(e): *gripping (story)*

I. Traduisez!

1. Who is the newcomer? He is a hard-working and confident hunchback.

Qui est le nouveau-venu? C'est un bossu travailleur et confiant.

2. I know how to get rich: I will grow carnations and I will breed rabbits.

Je sais comment m'enrichir: je ferai pousser des œillets et j'élèverai des lapins.

3. We haven't had a single thunderstorm since June. If only we had a spring and a large well!

Nous n'avons pas eu un seul orage depuis juin. Si seulement nous avions une source et un grand puits!

4. The old man is calculating and greedy, and the young one is stupid but sensitive.

Le vieil homme est calculateur et cupide, et le jeune est bête mais sensible.

II. Repères culturels

1. *Le film est basé sur un roman de Marcel Pagnol. Qui était Pagnol? Pourquoi était-il connu? Qu'est-ce que L'eau des collines?*

    Marcel Pagnol est un écrivain et cinéaste français, né en 1895 et mort en 1974. Il est né en Provence et l'a beaucoup décrite dans ses livres et dans ses films. Il est entré à l'Académie française en 1946.

Quelques pièces:	*Marius* (1929)
	Fanny (1931)
Quelques romans:	*La gloire de mon père* (1957)
	Le château de ma mère (1958)
	Le temps des secrets (1960)
	L'eau des collines (1963)
Quelques films:	*César* (1936)
	La femme du boulanger (1939)
	Manon des sources (1953)

    L'eau des collines est constitué de deux parties: *Jean de Florette* et *Manon des sources*. C'est sur ce roman que Claude Berri a basé son film.

2. *Le film se passe en Provence. Pouvez-vous répondre aux questions suivantes sur la Provence?*

    a. *Où se situe-t-elle?*

    Elle se situe au sud-est de la France.

    b. *Quelles en sont les villes principales?*

    Marseille, Aix-en-Provence, Nice, Toulon, Cannes et Avignon sont les villes principales.

c. Comment est le climat?

C'est un climat méditerranéen, doux en hiver (sur la côte) et sec et chaud en été.

d. Quelles sont les principales cultures?

Le blé, l'olivier, la vigne et les fleurs (pour la fabrication des parfums) sont les principales cultures.

e. Pouvez-vous nommer d'autres écrivains célèbres de Provence?

Alphonse Daudet et Jean Giono sont d'autres écrivains célèbres de Provence.

3. *Cherchez la définition exacte (pas la traduction) du mot «source» dans le dictionnaire.*

D'après le Larousse, une source est de l'«eau sortant du sol» et le «lieu où elle sort».

4. *Les villageois dans le film jouent à la pétanque. Quel est ce jeu? Où et comment est-il joué?*

La pétanque est un jeu de boules. Le gagnant est celui dont la boule est la plus proche du cochonnet (petite boule qui sert de but). C'est un jeu très répandu dans le sud de la France.

III. Le contexte

Réfléchissez au lieu et à l'époque pour mieux comprendre l'histoire et les personnages du film. A votre avis, en 1920, en Provence...

1. *Les gens faisaient-ils des études ? Etait-ce nécessaire ?*

Depuis les lois Ferry de 1881-82 l'école était obligatoire pour tous les enfants de 6 à 13 ans. Ils avaient le choix entre les écoles publiques, qui étaient laïques (sans religion) et gratuites, et les écoles libres, c'est-à-dire payantes et catholiques. Très peu d'enfants continuaient leurs études car ils n'en ressentaient pas le besoin, et leurs parents avaient besoin d'eux pour travailler. A l'école ils apprenaient à lire, à écrire, à compter, ils avaient des cours de littérature, d'histoire, de géographie, de sciences naturelles, de physique, d'agriculture, d'hygiène, de dessin, de musique, et même de gymnastique. Le taux d'alphabétisation était extrêmement élevé à 13 ans, mais plus faible après car certains adultes (notamment à la campagne), qui n'avaient jamais l'occasion de lire ou d'écrire, oubliaient ce qu'ils avaient appris à l'école.

2. *Les villageois sortaient-ils souvent de leur village ? Dans quelles circonstances ?*

Les villageois sortaient très peu du village, sauf pour aller à un mariage ou un enterrement. Les gens qui habitaient dans les fermes avoisinantes allaient au village une fois par semaine pour vendre leurs produits au marché. Ils en profitaient aussi pour acheter quelques articles qu'ils ne produisaient pas eux-mêmes, comme un vêtement ou une paire de chaussures.

3. *Les gens avaient-ils des voitures ? Comment se déplaçaient-ils ?*

En 1920 presque personne n'avait de voiture. Elles ne sont devenues courantes que dans les années 50, et dans les années 60 presque tout le monde en avait une. Les gens se déplaçaient donc avec un cheval et une carriole. Certains prenaient aussi le car ou le train quand leur village était desservi.

4. *Quel était l'état des routes ?*

A l'exception de quelques grands axes, les routes n'étaient ni pavées ni goudronnées. Elles étaient donc cahotiques et poussiéreuses.

5. *Les maisons étaient-elles confortables ? Avaient-elles l'eau, l'électricité ?*

Le confort était rudimentaire. L'eau et l'électricité sont arrivées dans les villes dans les années 20 mais les fermes isolées n'ont été équipées que dans les années 50. Les gens avaient un puits et se passaient d'électricité. Quant au chauffage, ils se contentaient de la cheminée et de la cuisinière (à bois, puis à charbon). Il n'y avait pas de chauffage dans les chambres, juste des bouillottes dans les lits . Il y avait, évidemment, de grands écarts de logement entre les riches et les pauvres.

6. *Les gens mangeaient-ils comme aujourd'hui ? Qu'est-ce qui était différent ?*

La base de l'alimentation était le pain. La viande était un luxe, mais beaucoup de gens avaient des poules (et donc des œufs) et des lapins (les Français mangent les lapins !). A la campagne les paysans avaient aussi un cochon qu'ils tuaient chaque année pour faire des jambons, des saucisses, des saucissons, des rillettes, des pâtés de foie, du boudin, etc. Tout était utilisé et permettait d'avoir de la viande pendant des mois. Ils mangeaient aussi beaucoup de légumes (ils faisaient des soupes), de fruits (notamment en Provence où le climat est propice, ce qui n'était pas le cas dans toutes les régions de France), et les hommes allaient à la pêche et à la chasse.

7. *Comment étaient-ils habillés ? Avaient-ils beaucoup de vêtements ?*

Les gens avaient très peu de vêtements : en général une tenue pour la semaine et une autre pour le dimanche.

8. *Comment communiquaient-ils avec leurs proches (famille et amis) qui n'habitaient pas dans le même village ?*

Ils communiquaient peu, et seulement par courrier. Comme les familles habitaient en général très près les unes des autres, les gens se voyaient souvent.

9. *Avaient-ils une vie sociale ? A quels moments de la journée les gens se parlaient-ils ? Dans quelles circonstances s'amusaient-ils ?*

La vie était différente d'aujourd'hui mais n'empêchait pas les gens de bavarder et de se détendre. Les hommes allaient au café après le travail et jouaient aux boules. Les femmes se voyaient quand elles allaient en courses, le jour du marché, et au lavoir. Les hommes et les femmes s'invitaient pour jouer aux cartes et se voyaient après la messe. Il y avait aussi des fêtes qui rythmaient l'année et animaient le village : les fêtes religieuses (Noël, Pâques) et les bals populaires qui rassemblaient tout le village.

10. La messe du dimanche était-elle importante ? Pour quelles raisons ?

La messe du dimanche était importante car dans l'ensemble les gens étaient très croyants. Ceux qui l'étaient moyennement y allaient par habitude et par peur du qu'en-dira-t-on. C'était aussi l'occasion de sortir et de voir du monde !

IV. Bande-annonce (sur le DVD)

1. Ecoutez les premières notes de musique. Quelle impression donnent-elles ?

La musique est lente, triste, tendue et de mauvais augure.

2. Qui voit-on sur la toute première image ? Que font-ils ?

Au premier plan on voit un homme portant une petite fille sur ses épaules, et une femme. Ils marchent et sont suivis par un homme et deux ânes tirant une charrette pleine de meubles.

3. Que voit-on de la campagne ?

De la campagne on voit des collines, des arbres, des champs (de fleurs et de maïs) et une source.

4. Quel temps fait-il dans ces extraits ?

Le temps est variable : un orage, de la neige, une grosse averse, la sécheresse, du ciel bleu et à la fin un ciel sombre et menaçant.

5. Que comprend-on sur les personnages ? Qui sont-ils ? Que font-ils ? Qui sont les bons et les méchants ?

On comprend qu'il y a une famille qui travaille très dur et qui souffre, des villageois méchants et agressifs, et deux hommes qui observent la famille. Il n'y a aucun contact entre eux.

6. Quel est le ton général de la bande-annonce ?

Le ton général est tragique.

CONVERSATION EN CLASSE

1. *Les personnages:* César Soubeyran = le Papet (Yves Montand)
   Ugolin (Daniel Auteuil)
   Jean Cadoret = Jean de Florette (Gérard Depardieu)
   Aimée (Elisabeth Depardieu)
   Manon

2. *Est-ce qu'Ugolin reste chez le Papet pour discuter quand il le retrouve au début du film? Pourquoi?*

   Ugolin rentre chez lui car il est pressé de commencer sa culture d'œillets.

3. *Comparez la maison du Papet et celle d'Ugolin. Où Ugolin vivra-t-il quand le Papet sera mort?*

   La maison du Papet est grande, rose, et a deux étages, alors que celle d'Ugolin est petite, n'a qu'un étage, et le mobilier y est très simple. Les deux maisons sont sombres, elle n'ont que de petites ouvertures à cause de la chaleur. Ugolin vivra chez le Papet car c'est la maison des Soubeyran.

4. *Quel projet professionnel le Papet a-t-il pour Ugolin?*

   Il voudrait qu'Ugolin refasse le grand verger des Soubeyran, avec des figuiers, des pruniers, des amandiers.

5. *Est-ce qu'Ugolin veut dire son idée au Papet?*

   Non, «c'est un secret».

6. *Comment le Papet réagit-il en voyant les œillets d'Ugolin? Qu'est-ce qui le fait changer d'avis?*

   Il n'est pas impressionné par la culture d'Ugolin («C'est à ça que tu t'amuses»). C'est seulement quand il voit que les fleurs se vendent bien au marché qu'il trouve l'idée bonne.

7. *Quel est le premier projet du Papet et d'Ugolin pour obtenir l'eau nécessaire à la culture des œillets? Leur projet réussit-il? Que se passe-t-il?*

   Ils font le projet d'acheter la terre et la source de Pique-Bouffigue, le voisin. Pique-Bouffigue est très fâché de cette proposition. S'ensuit une dispute, au cours de laquelle il est tué accidentellement par le Papet.

8. Qui hérite de cette maison?

C'est Florette, la sœur de Pique-Bouffigue qui hérite, mais comme elle vient de mourir elle aussi, c'est son fils Jean l'héritier.

9. A votre avis, quels sont (et quels ont été) les sentiments du Papet pour Florette? Sont-ils restés en contact? Cette liaison le rend-il plus ou moins sympathique à nos yeux?

Le Papet est accablé par la mort de Florette. Nous comprenons qu'il a été amoureux d'elle dans sa jeunesse. Ils ne sont pas restés en contact, mais le Papet peut avoir des nouvelles par la meilleure amie de Florette. Cette liaison le rend plus sympathique à nos yeux car nous sentons qu'il a une faille, et qu'il est donc humain.

10. Quelle est la définition du bonheur d'après Jean?

Le bonheur, c'est «être un homme de la nature».

11. Jean dit qu'il veut «cultiver l'authentique». Qu'est-ce qu'il veut dire? Est-ce qu'Ugolin comprend?

En mentionnant «l'authentique», Jean parle d'un retour à la terre et à des valeurs simples, et veut vivre au contact de la nature. Ugolin prend ses paroles littéralement. Il croit que «l'authentique» va réellement sortir de terre!

12. Pourquoi le Papet et Ugolin ne veulent pas dire au village que Jean est le fils de Florette? Est-ce que la famille Soubeyran est aimée au village? Pourquoi à votre avis?

Ils ne veulent pas le dire car le village aimait Florette, et donc si les gens savaient qui est Jean, ils l'accueilleraient avec plaisir. Les Soubeyran ne sont pas aimés au village, sans doute à cause de leur argent et de leur possible malhonnêteté.

13. Quel est le grand projet de Jean?

Il veut faire un élevage de lapins et faire pousser des cucurbitacées pour les nourrir.

14. Pourquoi Aimée n'aime-t-elle pas Ugolin?

Il ne lui plaît pas et il fait peur à Manon.

15. Comment Jean et sa famille sont-ils traités au village?

Ils sont traités en étrangers mal venus. On les regarde, la vie s'arrête quand ils passent. La boule jetée à leurs pieds est une attaque et une insulte.

16. Qui est la dame italienne? Que fait-elle avec Manon? La revoit-on après?

La dame vit avec son mari dans une grotte sur les terres de Jean. Elle apprend à Manon à attraper des oiseaux. On la revoit à plusieurs reprises, notamment quand Jean tombe malade, puis à son enterrement.

17. Quelle est la personnalité de Manon?

Manon est fière, distante, intelligente, et calme. Elle parle peu.

18. Comment vont les projets de Jean au début?

Tout va très bien au début: les cucurbitacées poussent, les lapins se reproduisent, et il peut même en vendre quelques-uns au marché.

19. Que pressent-on quand le Papet dit: «S'il pleut le jour de l'Ascension, tout s'en va en perdition»?

On craint que le printemps pluvieux (et donc bénéfique aux cultures de Jean) ne soit suivi d'un été sec où tous ses beaux projets seront perdus.

20. Comment le Papet réagit-il quand il voit la première récolte de Jean?

Le Papet est jaloux des superbes légumes de Jean et de cette terre si fertile.

21. Pourquoi Jean commence-t-il à boire?

Jean se met à boire quand il commence à avoir des soucis d'eau. Il est déçu que ses projets ne se réalisent pas comme il l'espérait.

22. Quelles sont les hésitations d'Ugolin à propos du mulet? A-t-il envie de le louer à Jean? Quelle est l'opinion du Papet?

Ugolin a pitié de Jean. Il veut l'aider car il est devenu son ami. Pour le Papet il n'est pas question de prêter le mulet, car dans ce cas-là Jean réussirait son entreprise et Ugolin ne ferait jamais ses œillets. Le Papet se justifie en disant que ce serait mieux pour Jean de retourner en ville. («Crois moi, dans le fond, on lui rend service»).

23. Comment réagit Aimée quand Jean annonce son projet de construire un puits?

Aimée n'approuve pas, elle est inquiète, et se demande à quoi pourra bien servir un puits s'il n'y a pas d'eau.

24. Comment Jean meurt-il?

Jean utilise des explosifs pour faire sauter la roche qui l'empêche de creuser son puits. Quand il se précipite pour voir jaillir l'eau, des pierres lui retombent sur la tête.

25. Pourquoi Ugolin pleure-t-il?

Ugolin pleure parce qu'il est sensible et il s'était sincèrement attaché à Jean. Il sait aussi qu'il est coupable et il s'en veut.

26. Qui Manon regarde-t-elle avec insistance à la mort de son père?

Ugolin est présent quand le médecin annonce la mort de Jean. Manon le regarde fixement avec un air de reproche.

27. Qu'est-ce que Manon observe à la fin? Pourquoi part-elle en criant et en pleurant? Qu'a-t-elle compris?

Manon voit le Papet et Ugolin déboucher la source. Elle voit l'eau jaillir et la joie des deux hommes. Elle a compris qu'ils connaissaient la source et qu'ils sont responsables de la mort de son père.

28. *A la fin, le Papet baptise Ugolin «Roi des œillets». Pensez-vous qu'Ugolin va réussir dans sa culture d'œillets?*

    Ugolin a désormais tout pour réussir: une bonne terre et de l'eau.

29. *Combien de temps se passe entre le début et la fin du film?*

    Il se passe un an. Jean et sa famille arrivent un été, pendant lequel ils s'installent. Jean vend ses premiers lapins pendant l'hiver, puis récolte de superbes légumes grâce à un printemps pluvieux. Enfin, il meurt pendant la grande sécheresse du deuxième été.

APPROFONDISSEMENT

ABC Vocabulaire

Enrichissez votre vocabulaire !

L'agriculture:
une ferme: *a farm*
un(e) fermier (-ère): *a farmer*
un(e) paysan(ne): *a peasant*
un champ: *a field*
labourer: *to plow*
une charrue: *a plow*
un tracteur: *a tractor*
une graine: *a seed*
planter: *to plant*
un engrais: *a fertilizer*
le foin: *hay*
la paille: *straw*
la moisson: *the harvest*
la terre: *the soil*
une grange: *a barn*
les mauvaises herbes: *weeds*

L'eau:
arroser: *to water*
pleuvoir: *to rain*
la pluie: *the rain*
une averse: *a shower*
irriguer: *to irrigate*
un arrosoir: *a watering can*
une inondation: *a flood*
inonder: *to flood*
humide: *damp*
mouillé(e): *wet*
la mer: *the sea*
un océan: *an ocean*
un lac: *a lake*
un étang: *a pond*
une rivière: *a river*
un ruisseau: *a brook*
un torrent: *a mountain stream*
une cascade: *a waterfall*

Jouez avec les mots!

A. Trouvez l'intrus:

puits	source	<u>charrue</u>	ruisseau
<u>mouillé</u>	engrais	récolte	faire pousser
Marius	<u>Ugolin</u>	Fanny	César
cupide	<u>héritier</u>	calculateur	implacable
orage	pleuvoir	<u>sécheresse</u>	averse
tracteur	champ	labourer	<u>cascade</u>
<u>bossu</u>	verger	ferme	champ
<u>Lyon</u>	Marseille	Aix	Avignon

B. Complétez la phrase en choisissant l'expression qui convient.

1. *Quand on n'a plus d'argent, on a*
    a. <u>des soucis</u>
    b. *une intrigue*
    c. *un verger*

2. *J'ai adoré ce film! Je l'ai trouvé*
    a. *confiant*
    b. *rusé*
    c. <u>passionnant</u>

3. *Pour cultiver des œillets, il faut de l'eau et*
    a. *une grange*
    b. <u>une bonne terre</u>
    c. *un verger*

4. *Je suis sûre que cet enfant réussira. Il est tellement*
    a. *émouvant*
    b. <u>travailleur</u>
    c. *influençable*

5. *Le ciel est très gris. Nous allons bientôt avoir*
    a. <u>une averse</u>
    b. *une cascade*
    c. *une inondation*

6. *Pour s'occuper des papiers d'héritage, on a besoin*
    a. *d'un héritier*
    b. *d'un coupable*
    c. <u>d'un notaire</u>

7. Pour construire un puits, il faut
   a. *pleurer*
   b. <u>creuser</u>
   c. *labourer*

8. Connaissez-vous cet homme? Non, c'est
   a. <u>un nouveau-venu</u>
   b. *un héritier*
   c. *une cucurbitacée*

I. Réflexion - Essais

1. Ecrivez un paragraphe sur chacun des personnages principaux: Jean, Aimée, le Papet et Ugolin. Posez-vous les questions suivantes:
- Quels sont leurs qualités et leurs défauts?
- Sont-ils 100% bons ou 100% mauvais?
- Eprouvez-vous de la sympathie ou de l'antipathie pour eux?
- Votre opinion sur chacun d'eux a-t-elle évolué pendant le film?

Vous pouvez utiliser le vocabulaire suivant:

enthousiaste, cupide, traître, patient(e), naïf (naïve), sensible, influençable, bête, intelligent(e), obstiné(e), implacable, crédule, trop idéaliste, autoritaire, cynique, touchant(e), encourageant(e), perfide, pas réaliste, compatissant(e), impitoyable, bon cœur, travailleur(euse), trop confiant, vulnérable

Jean a au moins deux grandes qualités: il est enthousiaste et travailleur. Il a aussi, malheureusement, de grands défauts. Sa naïveté et son idéalisme lui ôtent sa capacité de jugement (il manque de clairvoyance quant aux intentions de ses voisins notamment). Il est aussi obstiné et a tellement confiance en lui qu'il est incapable de s'arrêter à temps. C'est un personnage tout à fait sympathique, mais il a des failles. Notre opinion de lui évolue au cours du film: au début on a envie qu'il réussisse, on est de tout cœur avec lui, mais à la fin son image est ternie par le sentiment de gâchis qu'on éprouve.

Aimée est patiente et encourageante, mais elle est lucide. A la fin elle est consciente que Jean court à sa perte. Aimée et Jean se complètent bien: ils ont des goûts et des projets en commun, mais Aimée est réaliste. C'est un personnage sympathique, mais quelque peu effacé, du début à la fin du film.

Le Papet est intelligent, mais autoritaire, cupide, perfide, cynique et colérique. C'est beaucoup pour un seul homme! C'est évidemment un personnage antipathique, mais on n'a pas une mauvaise impression de lui au début du film. C'est quand il rend visite à Pique-Bouffigue que notre opinion de lui commence à évoluer, et son image ne fera que se détériorer pour être au plus bas à fin du film. Il est intéressant de noter qu'elle évoluera dans l'autre sens dans *Manon des sources*.

Ugolin a bon cœur et n'a pas peur du travail, mais il n'est pas intelligent. Il est gentil et enthousiaste, mais influençable. Il est sensible et compatissant, mais cela ne l'empêche pas de trahir Jean. C'est donc un personnage complexe, et notre opinion de lui évolue. Au début, on a envie qu'il mène à bien ses projets. Il a bien le droit de faire pousser des fleurs et de les vendre, et il est naturel de vouloir de l'eau. Comme il est dans l'ombre du Papet, notre antipathie à son égard grandit au même rythme que celle que l'on éprouve à l'égard du Papet, mais il reste toujours plus humain.

2. *Quelles sont les motivations du Papet et d'Ugolin?*

Ugolin veut la source de Jean pour faire pousser ses œillets. Les motivations du Papet sont plus calculées: il veut s'enrichir encore davantage, pas pour lui mais pour les Soubeyran à venir, et ne veut surtout pas qu'un étranger s'installe et réussisse.

3. *Qui est le pire? le Papet ou Ugolin? Justifiez votre réponse.*

Le Papet est pire car il est calculateur, il utilise Ugolin comme il l'entend, il n'a pas de sentiments, il ne s'émeut ni de la mort de Pique-Bouffigue, ni de celle de Jean. En fait, il ne s'émeut que pour l'ânesse, pas pour Jean qui est pourtant devenu une bête de somme. On ne peut certes pas admirer l'attitude d'Ugolin, mais il n'est qu'un pion entre les mains du Papet qui le manipule.

4. *Analysez l'attitude des villageois. Que font-ils quand on les voit? De quoi parlent-ils? Quels sont leurs principes? Ont-ils l'esprit ouvert au modernisme?*

Quand on les voit, les villageois boivent au café, discutent, et jouent aux cartes et à la pétanque. On ne voit que des hommes. Ils passent leur temps à parler des nouveaux-venus et de la sécheresse. Ils savent bien qu'il y a une source sur la terre dont Jean a hérité, mais ils se taisent. Il sont soudés et sont sûrs que les méthodes ancestrales sont meilleures que les méthodes modernes, surtout si elles sont apprises dans les livres. Quand Ugolin demande au Papet ce que veut dire le mot «routine», le Papet explique que «c'est un mot de la ville», et c'est «ce que les vieux nous ont appris et que d'après eux il faut tout foutre en l'air, parce que c'est pas moderne et que maintenant il faut être moderne».

5. *Qu'est-ce qui oppose Jean au village en général?*

Jean n'a rien de commun avec les villageois: il vient de la ville, il n'est pas paysan, il n'a pas d'accent, il a une culture livresque et une femme qui chantait des opéras.

6. *Qui est responsable de la mort de Jean ?*

Jean est en partie responsable de sa mort car il n'a pas su s'arrêter. Il est allé trop loin, s'est obstiné, était trop confiant. La fatalité a aussi une part de responsabilité car s'il avait plu Jean aurait réussi dans son entreprise et ne serait pas mort. Ceci dit, c'est bien sûr le Papet et Ugolin qui ont la responsabilité morale de la mort de Jean. Ils l'ont tué à petit feu en bouchant sa source.

7. *Pourquoi est-ce important que Jean soit bossu? A quel point l'histoire aurait-elle été différente s'il n'avait pas eu cette bosse?*

   L'histoire n'aurait pas eu la même dimension si Jean n'avait pas été bossu. En effet, sa bosse le rend encore plus attachant, et l'on comprend mieux son obstination. Il a fait des études et s'acharne au travail pour réussir, et se prouver qu'il a surmonté son handicap. Ses projets sont sa revanche sur le destin.

8. *Donnez des exemples qui montrent que le Papet est très fier d'être un Soubeyran, et que la famille est très importante pour lui.*

   Le Papet veut qu'Ugolin se marie car il est le dernier des Soubeyran. Il est très important qu'il ait des enfants pour que la famille se perpétue, et pour que quelqu'un hérite du nom et de la fortune. Il est tellement fier de sa famille qu'il se bat avec Pique-Bouffigue parce qu'il a insulté les Soubeyran. Il est sûr aussi que les filles du village seraient bien contentes d'épouser un Soubeyran (Ugolin), et d'habiter dans la grande maison du Papet.

9. *Où se situe-t-on en tant que spectateur? Voit-on les événements à travers un personnage de l'histoire, ou reste-t-on en dehors, comme un arbitre?*

   Les spectateurs restent toujours en dehors. Nous savons ce que chaque personnage pense, espère, quels sont ses projets et ses secrets. Comme nous ne voyons pas les événements à travers un seul personnage, nous pouvons prendre fait et cause pour tous.

10. *Pourquoi l'histoire est-elle si passionnante? (Pensez aux thèmes, à l'intrigue, et aux personnages.)*

    L'histoire est passionnante pour plusieurs raisons:

    - c'est une histoire simple avec des thèmes universels (l'argent, la famille, l'innocence, les forces de la nature, les citadins éclairés en proie aux villageois obtus, l'ancien monde contre le nouveau).
    - on ne peut pas croire que les personnages soient 100% bons ou 100% mauvais. On passe son temps à espérer que le Papet va compatir, qu'il va se rendre compte que la vie d'un homme (et le bonheur de sa famille) est plus importante que la culture des œillets. Bien qu'il n'y ait pas de suspense à proprement parler, on attend en permanence un retournement de situation.
    - on est fasciné, en tant que spectateur, par le déroulement implacable de la machination du Papet. Il est intelligent, il est fort, il est riche, il a pensé à tout, et il gagne.
    - enfin, cette histoire est passionnante car il est très facile de s'identifier aux personnages. On s'enthousiasme pour les projets de Jean, on prie avec lui pour que la pluie vienne, on se désole de le voir se tuer à la tâche. On comprend aussi les motivations d'Ugolin et du Papet. Elles sont malhonnêtes et criminelles, mais on a malgré tout envie qu'Ugolin réussisse ses œillets, et on est, malgré soi, fasciné par la ténacité du Papet.

11. La musique est composée d'après «La force du destin» de Verdi. Qu'en pensez-vous? Vous plaît-elle? Trouvez-vous que le film aurait pu s'appeler «La force du destin»? Quel était le destin de Jean et de sa famille?

La musique est bien choisie car elle semble sortir du paysage. Elle tonne comme les orages qui éclatent, elle est violente comme le complot ourdi par le Papet.

Le film n'aurait pas pu s'appeler «La force du destin» car ce n'est pas le destin qui a empêché Jean de réussir. Ce sont la cupidité et la méchanceté de ses voisins qui ont entravé ses projets. Il faut cependant se rappeler que Jean est bossu, et que c'est peut-être en essayant de prendre sa revanche sur son destin qu'il a précipité sa chute.

12. Le film accorde une grande place aux paysages et à la nature. Que voit-on de la Provence? Qu'entend-on? Quel rôle la nature joue-t-elle dans l'histoire?

Le film peint un superbe tableau de la Provence, avec les collines, les champs, les cultures, la terre, les œillets, les maisons se fondant dans ce paysage gorgé de soleil. Le passage des saisons est bien marqué: la neige en hiver, la pluie au printemps, la récolte des légumes en juillet, puis la grande sécheresse durant laquelle tout jaunit et sèche. Le ciel est généralement bleu, mais il est gris très foncé quand il se déchire pendant les orages.

La nature s'entend aussi dans le film, grâce au chant des oiseaux, au bourdonnement des cigales, à la pluie qui tombe et au tonnerre pendant les orages.

La nature joue un rôle prépondérant dans l'histoire. En fait, c'est un personnage à part entière puisqu'elle influe sur le destin de tous en «décidant» de les aider ou de les détruire.

13. Comparez la première et la dernière scène. A quel moment de la journée se passent-elles? Pourquoi? Comment la première scène introduit-elle les lieux? Quels personnages voit-on dans la première et la dernière scène? Qu'est-ce qui a changé entre les deux? Quelles expressions lit-on sur le visage des personnages à la fin?

La première scène se passe très tôt le matin (il fait sombre quand Ugolin est dans le car et le Papet n'est pas encore levé), et la dernière se passe en milieu de journée (le soleil est haut dans le ciel). Cela est symbolique: c'est le début et le milieu de l'histoire.

Les lieux sont importants et on découvre immédiatement les routes de campagne, le village, la garrigue, la maison du Papet et celle d'Ugolin.

La première scène introduit le Papet et Ugolin, et on les retrouve à la fin, ainsi que Manon qui les regarde mais n'est pas avec eux. Au début les deux hommes ont des projets. A la fin ils semblent avoir gagné leur pari puisqu'ils ont la maison et la source. C'est sans compter sur Manon qui n'était pas présente dans la première scène mais qui les observe maintenant et qui n'oubliera pas ce qu'elle a vu.

Le Papet et Ugolin sont ravis. Ils sourient, ils rient, ils ont les yeux brillants. Il y a une grande connivence entre eux. Manon les regarde et on voit dans ses yeux la tristesse et la colère.

II. Analyse de photos

1. *Où et à quel moment cette scène se passe-t-elle? Que demande Jean?*

   Cette scène se passe chez Ugolin. Jean est venu un matin demander de l'eau.

2. *Comparez leur habillement.*

   Ugolin est habillé comme un paysan, avec un pantalon et une chemise de toile grossière. Jean, au contraire, est habillé comme un homme de la ville: il porte une chemise à col, un gilet, un chapeau, et une montre (on remarque la chaîne sortant de la poche de son gilet).

3. *Quelles expressions lisez-vous sur leur visage? Ont-ils l'air d'être amis?*

   Jean et Ugolin rient de bon cœur et ont l'air heureux. Ils ont tout à fait l'air d'être amis.

1. *Où sont le Papet et Ugolin ? Que voit-on dans le fond ?*

   Le Papet et ugolin sont à côté de la source. On voit la maison de Jean dans le fond.

2. *Que viennent-ils de faire ?*

   Ils viennent de déboucher la source.

3. *Que fait le Papet ? Que ressentent-ils ?*

   Le Papet baptise Ugolin « Roi des œillets » avec l'eau de la source. Ils sont heureux et fiers que leur complot ait réussi, et pensent à la fortune qui les attend.

III. Analyse de citations

Analysez les citations suivantes en les replaçant dans leur contexte:

1. *Le Papet: «Qui aurait cru que Florette ferait un petit bossu?»*

   C'est la question que se pose le Papet après la mort de Florette. Le souvenir qu'il garde d'elle est celui d'une belle jeune femme, et il lui paraît étrange qu'elle ait donné naissance à un enfant bossu. Les sentiments du Papet pour Florette sont très clairs dans cette scène.

2. *Ugolin: «Tu m'as demandé de devenir son ami, alors petit à petit, à force de boire le vin blanc et de l'appeler M. Jean, eh bien, il est devenu mon ami.»*

   Ugolin a des sentiments très partagés pour Jean de Florette. Dans un sens, il ne veut pas de lui, car Jean l'empêche de réussir sa culture d'œillets, mais il s'est attaché à lui contre son gré. Ses sentiments sont d'ailleurs assez forts pour qu'il pleure à la mort de Jean.

3. *Un villageois: «Ça n'a jamais rien rapporté de s'occuper des affaires des autres»*:

   Cette remarque est révélatrice de la mentalité des villageois. Ils ont des soupçons sur le Papet et Ugolin, mais préfèrent se taire, plutôt que de chercher la vérité.

IV. Sous-titres

Comparez ce dialogue entre Jean et Ugolin et les sous-titres en anglais, puis répondez aux questions:

1	Vous vous demandez, cher voisin, pourquoi je suis venu m'installer ici.	*You're wondering why I decided to settle here.*
2	Ah ça oui, je me le demande!	*Yes I'm wondering!*
3	Eh bien parce que j'en suis arrivé à la conclusion irréfutable que le seul bonheur possible c'est d'être un homme de la Nature.	*It's because I've decided that my happiness lies in returning to nature.*
4	Je suis venu ici pour cultiver l'authentique.	*I'm here to cultivate the authentic!*
5	«lotantique»?	*the «othentic»?*
6	Oui, je veux manger les légumes de mon jardin, recueillir l'huile de mes oliviers, gober les œufs de mes poules, m'enivrer du vin de ma vigne.	*Yes, I want to eat vegetables from my garden, collect oil from my olive trees and eggs from my hens, and drink wine from my vineyard.*

   a. *1ère réplique: pourquoi «cher voisin» n'est-il pas traduit?*

   «Cher voisin» n'est pas un élément indispensable à la compréhension de la phrase, donc il n'est pas nécessaire dans le sous-titre.

   b. *3ème réplique: comparez «j'en suis arrivé à la conclusion irréfutable» et "I've decided". Pourquoi est-ce si court en anglais? Est-ce le même registre de langue?*

   Jean parle dans une langue châtiée. Si le sous-titre était fidèle au registre de langue, il serait long et pompeux. Le sous-titreur a donc choisi de garder le sens et d'éliminer les fioritures.

c. 3ème réplique: comparez «le seul bonheur possible» et "my happiness".

«My happiness» est une interprétation de l'original. La phrase de Jean est une vérité générale qui peut s'appliquer à tout le monde, alors que dans le sous-titre il ne parle que de son propre bonheur.

d. 4ème réplique: «cultiver» et «cultivate» ont-ils le même sens?

Les deux verbes ont le même sens mais il est beaucoup moins courant en anglais, et est surtout utilisé dans le sens de se cultiver l'esprit (plutôt que la terre).

e. 5ème réplique: que pensez-vous du mot «othentic»? Est-ce bien choisi?

Le mot «othentic» est bien choisi car le spectateur anglophone lisant le sous-titre comprend qu'Ugolin ne saisit pas le sens du mot.

f. 6ème réplique: comparez les verbes «recueillir», «gober» et «s'enivrer» à leur traduction ("collect" et "drink"). Lesquels sont courants? Lesquels sont poétiques?

Les verbes français sont poétiques et s'accordent avec le style de Jean. Le sous-titreur a choisi, comme dans la 3ème réplique, de rendre le sens avec un vocabulaire courant.

V. Analyse d'une scène : les hommes au café
(de 19 mn 13 sec à 21 mn 42 sec après le début)

A. Ecoutez

a. Qu'est-ce que les hommes viennent de faire ?

Ils viennent d'enterrer Pique-Bouffigue.

b. Que font-ils maintenant ?

Ils prennent l'apéritif et discutent au café.

c. Quel est le sujet de leur conversation ?

Ils parlent de la valeur de l'héritage de Florette.

d. Pourquoi Ugolin ne connaît-il pas Florette ?

Ugolin ne la connaît pas car elle a quitté le village quand elle était jeune, peut-être même avant sa naissance.

e. Pourquoi Anglade pense-t-il que l'héritage a de la valeur ? Les autres sont-ils d'accord ?

Anglade pense que l'héritage a de la valeur à cause de la maison et des oliviers. Ugolin et le Papet affirment que les oliviers ne valent rien, et l'un des autres hommes explique pourquoi il pleut si peu sur cette terre.

f. Quels arguments les hommes avancent-ils pour prouver l'existence de la source ? Que répond le Papet ? Pourquoi s'énerve-t-il à la fin ?

Quand Anglade mentionne l'existence de la source, le Papet se rebelle et affirme qu'elle n'existe plus. Les autres ne sont pas d'accord car ils se souviennent d'avoir vu une belle source quand ils étaient jeunes et l'existence du figuier prouve qu'il y a toujours de l'eau. Le Papet nie tout en bloc et s'énerve car il se sent acculé. Tout le monde connaît l'existence de la source et il craint de ne pouvoir mener à bien son projet.

g. Ugolin est-il convaincant ?

Ugolin en fait trop. Il veut appuyer le Papet mais il n'est pas crédible.

B. Observez

a. Décrivez l'intérieur du café.

Le café est tout simple : des tables, des chaises et un bar. On remarque aussi un escalier derrière le bar. La famille du cafetier habite sans doute au-dessus du café.

b. Comment cette scène est-elle éclairée ? D'où la lumière vient-elle ?

Cette scène est éclairée par la lumière naturelle venant de la rue par la porte et la fenêtre.

c. Comment les hommes sont-ils habillés ?

Ils sont tous en costumes sombres, des vêtements appropriés pour un enterrement.

d. Quelle expression lit-on sur le visage du Papet quand Anglade parle de Florette ?

Il esquisse un sourire et semble perdu dans ses pensées.

e. Qu'est-ce qu'Anglade a l'air de penser quand il dit « Tu crois que ça peut se perdre, une source comme celle-là ? » Sait-il que le Papet ment ?

Anglade est intuitif et connaît bien le Papet. Il est donc bien conscient que celui-ci ment, et son regard insistant et pénétrant en dit plus long que ses mots.

f. Qu'est-ce que le visage du Papet indique quand l'homme au bar parle du figuier ?

Il est excédé et a bien du mal à se contrôler.

g. Qui le Papet regarde-t-il à la fin de la scène ? Pourquoi ?

Il regarde Anglade car il craint que sa finesse et son honnêteté ne fassent échouer ses projets.

C. Cette scène dans l'histoire

    a. *Qui est le personnage central dans cette scène ?*

C'est discutable. Anglade alimente la discussion et fournit des informations importantes, mais le Papet semble plus fort et il est plus charismatique.

    b. *Qu'est-ce que cette scène nous apprend ?*
- Qu'est-ce que les villageois savent ?
- Comment le Papet se comporte-t-il ?
- L'opinion d'Ugolin est-elle importante ?

Cette scène nous apprend plusieurs choses : les villageois connaissent l'existence de la source, le Papet se sent menacé et cherche à se défendre comme s'il était accusé, et Ugolin reste dans l'ombre du Papet.

D. Langue

1. Synonymes

Ecoutez attentivement les dialogues de l'extrait et trouvez les synonymes des expressions suivantes (entre parenthèses) :

    a. « par conséquent *(donc)* tu dois avoir droit à quelque chose »

    b. « *je suis* revenu *(rentré)* un an après »

    c. « *elle hérite de* pas grand chose » *(presque rien)*

    d. « *je ne suis pas* de ton avis » *(d'accord)*

    e. « oui, mais c'est un endroit *(lieu)* que la pluie ne veut pas connaître »

    f. « *tu* devais être *(étais sûrement)* bien petit alors »

    g. « *c'était* sûrement *(certainement)* après un orage »

2. L'expression du temps

Dans ce passage il y a beaucoup d'adverbes et d'expressions de temps :

avant ♦ quand ♦ aujourd'hui ♦ puis ♦ un an après ♦ jamais
encore ♦ l'année dernière ♦ il y a 30 ans

Remplissez les blancs avec l'une de ces expressions :

    a. *Quand Manon* a vu les deux hommes déboucher la source, elle est partie en courant.

    b. *Le Papet habitait déjà dans cette maison* il y a 30 ans.

    c. *Au début Ugolin n'aimait pas Jean mais* aujourd'hui *c'est son ami.*

d. L'année dernière *Ugolin était au service militaire.*

e. Manon n'oubliera jamais *son père.*

f. Est-ce que Pique-Bouffigue est encore *vivant ? Non, il vient de mourir.*

g. Quand Jean s'est installé dans les collines il ne savait pas qu' *un an après il souffrirait de la sécheresse.*

h. Avant *de rentrer chez lui Ugolin a acheté des œillets.*

i. Le Papet a réfléchi, puis *il a aidé Ugolin à boucher la source.*

3. *L'argumentation*

Dans cet extrait, les personnages expliquent leurs points de vue de façon très argumentée. Pour cela, ils utilisent des expressions :

de cause (parce que, puisque) ♦ de conséquence (alors, par conséquent)
de but (pour) ♦ de concession (mais, même si, pourtant).

Remplissez les blancs avec l'une de ces expressions :

a. Jean a acheté des outils pour *cultiver la terre.*

b. Puisque *Florette est morte, Jean hérite de la ferme.*

c. Il ne pleut jamais, par conséquent *les légumes ne poussent pas.*

d. Manon n'aime pas Ugolin parce qu' *il est laid.*

e. Jean va construire un puits même si *Aimée n'est pas d'accord.*

f. Ugolin n'est pas cultivé, alors *il ne comprend pas ce que Jean lui raconte.*

g. Florette était belle, pourtant *elle a donné naissance à un petit bossu.*

h. Le Papet est intelligent, mais *il est froid et calculateur.*

E. Comparaison avec d'autres scènes

Comparez cette scène avec les trois autres ayant aussi lieu au café:

1. « les pois chiches » (de 51 mn 19 sec à 52 mn 24 sec)

a. De qui les villageois parlent-ils ?
   Les villageois parlent de Jean.

b. Quel est le ton général de la scène ?
   C'est une scène comique et moqueuse.

2. « *le mulet* » *(de 1h 23 mn 11 sec à 1h 24 mn 41 sec)*

    a. De quoi les villageois parlent-ils ?

    Ils parlent de la sécheresse et des conséquences sur leurs cultures.

    b. Pourquoi le Papet et Ugolin ne sont-ils pas d'accord ?

    Ugolin s'est attaché à Jean et voudrait l'aider en lui prêtant son mulet. Le Papet est horrifié car il sait que le mulet peut sauver Jean. Il se désole aussi du sentimentalisme d'Ugolin.

3. « *la source* » *(de 1h 36 mn 34 sec à 1h 37 mn 13 sec)*

    a. Qui est absent de cette scène ?

    Le Papet et Ugolin sont absents de cette scène.

    b. Qu'est-ce que les villageois ne comprennent pas ?

    Les villageois ne comprennent pas pourquoi Jean n'a pas d'eau puisqu'il y a une source sur sa terre. Ils se demandent aussi dans quel état elle est.

F. Sketch

Imaginez que cette scène ait été interrompue par l'arrivée de Jean de Florette. Il se présente, et vante les intérêts de la campagne, de la maison et de ses projets. Ecrivez et jouez le dialogue. N'oubliez pas qu'en se présentant il va mentionner sa mère. Comment le Papet va-t-il réagir ? Quelle attitude les villageois vont-ils adopter ?

    Les élèves peuvent écrire des dialogues très différents mais pour qu'ils soient plausibles il serait bon que :

- Jean soit enthousiaste et naïf, et qu'il utilise des mots difficiles
- le Papet soit hors-de-lui et blessé en voyant le fils de sa bien-aimée, mais qu'il soit aussi moqueur
- les villageois soient accueillants (c'est le fils de Florette, dont ils gardent un bon souvenir) mais réticents (Jean vient de la ville et ne connaît rien en agriculture).

VI. Lecture

Le passage suivant est extrait de *Jean de Florette*. Après avoir présenté les personnages importants du village, Marcel Pagnol fait le portrait du Papet, César Soubeyran.

César Soubeyran approchait de la soixantaine. Ses cheveux, rudes et drus[1], étaient d'un blanc jaunâtre strié[2] de quelques fils roux; de noires pattes d'araignées sortaient de ses narines[3] pour s'accrocher[4] à l'épaisse moustache grise, et ses paroles sifflotaient[5] entre des incisives verdâtres[6] que l'arthrite avait allongées[7].

Il était encore robuste, mais souvent martyrisé par «les douleurs[8]», c'est-à-dire par un rhumatisme qui chauffait cruellement sa jambe droite; il soutenait[9] alors sa marche en s'appuyant[10] sur une canne[11] à poignée recourbée, et se livrait[12] aux travaux des champs à quatre pattes[13], ou assis sur un petit escabeau[14].

Comme Philoxène[15], mais depuis plus longtemps, il avait sa part de gloire militaire. À la suite d'une violente querelle[16] de famille—et peut-être aussi, disait-on, à cause d'un chagrin d'amour[17]—, il s'était engagé[18] dans les zouaves, et il avait fait la dernière campagne d'Afrique, dans l'extrême Sud. Deux fois blessé, il en était revenu, vers 1882, avec une pension, et la médaille militaire, dont le glorieux ruban ornait son veston[19] des dimanches.

Il avait été beau jadis[20], et ses yeux—restés noirs et profonds—avaient tourné la tête à bien des[21] filles du village, et même d'ailleurs…Maintenant, on l'appelait le Papet.

Le Papet, d'ordinaire, c'est le grand-père: Or[22], César Soubeyran ne s'était jamais marié, mais il devait ce titre au fait qu'il était le plus vieux survivant de la famille, en somme un *pater familias*[23], détenteur[24] du nom et de l'autorité souveraine.

1 thick and rough
2 streaked with
3 nostrils 4 to cling to
5 whistled 6 greenish front teeth 7 had made longer

8 pains
9 supported
10 leaning on 11 a walking stick with a curved handle
12 worked in the fields on his hands and knees 13 on all fours
14 stool 15 another man in the village
16 family feud
17 unhappy love affair
18 he had joined

19 jacket
20 long ago
21 quite a few

22 and yet

23 patriarch (Latin expression)
24 keeper of

1. Qu'est-ce que ce passage nous apprend sur le Papet (son âge, son physique, son état de santé, sa situation familiale)?

Nous apprenons que le Papet a près de soixante ans et qu'il commence à fatiguer. Il a les cheveux épais et blancs, des poils noirs dans le nez, une moustache grise et de longues dents. Il a les yeux noirs et était beau quand il était jeune. Il ne s'est jamais marié.

2. Qu'a-t-il fait dans sa jeunesse?

Il a fait la guerre en Afrique et s'y est illustré.

3. Qu'est-ce qui est mentionné sur ses amours? Pourquoi est-ce important de mentionner ces deux détails dès le début?

Le texte mentionne «un chagrin d'amour» et le fait que ses yeux «avaient tourné la tête à bien des filles du village». Il est important de mentionner ces deux détails dès le début car cela tient le lecteur en haleine et le prépare pour les révélations finales.

ANNEXES

VOCABULAIRE DU CINEMA

«le septième art»: *le cinéma*

Les films:
un film: *a movie*
une comédie: *a comedy*
un drame: *a drama*
un (film) policier: *a detective movie*
un film d'aventures: *an adventure film*
un film de cape et d'épée: *a swashbuckler*
un film d'action: *an action movie*
un film à suspense: *a thriller*
un film d'épouvante: *a horror movie*
un western: *a Western*
un film de science fiction: *a science fiction movie*
un documentaire: *a documentary*
un dessin animé: *a cartoon*
un film muet: *a silent film*
un film à succès: *a box office hit*
un échec: *a flop*

L'équipe:
un(e) réalisateur (-trice): *a director*
un metteur en scène: *a director*
un(e) producteur (-trice): *a producer*
un(e) scénariste: *a screenwriter*
un distributeur: *a distributor*
tourner un film: *to shoot a film*
produire un film: *to produce a film*
un scénario: *a screenplay*

Les acteurs:
un(e) acteur (-trice): *an actor / actress*
une vedette: *a star*
un rôle: *a role*
un rôle principal: *a starring role*
un second rôle: *a supporting actor*
un personnage: *a character*
un héros: *a hero*
une héroïne: *a heroine*

La technique:
la caméra: *the camera*
un zoom: *a zoom lens*
une scène: *a scene*
un gros plan: *a close-up*
un plan d'ensemble: *a long shot*
un travelling: *a tracking shot*
un costume: *a costume*
le maquillage: *make-up*
les accessoires: *props*
une bobine: *a reel*
le son: *the sound*
le bruitage: *the sound effects*
la voix off: *the voice over*
une musique de film: *a score*
une bande sonore: *a soundtrack*
les effets spéciaux: *special effects*
le générique: *the credits*
le montage: *editing*
les sous-titres: *the subtitles*
doubler: *to dub*
en version originale = en v.o.: *in the original language*
la bande-annonce: *the trailer*

Le cinéma:
un cinéma: *a movie theater*
aller au cinéma: *to go to the movies*
passer un film: *to show a movie*
l'écran: *the screen*
un siège: *a seat*
regarder un film: *to watch a movie*
un cinéphile: *a movie buff*

Les festivals de cinéma:
la première: *the opening night*
une récompense: *an award*
un(e) nominé(e): *a nominee*

La vidéo:
un magasin de location vidéo: *a video store*
une cassette vidéo: *a video (cassette)*
un DVD: *a DVD*
louer: *to rent*
rapporter: *to return*
un magnétoscope: *a VCR*
un lecteur DVD : *a DVD player*
une télécommande: *a remote control*
réembobiner: *to rewind*
accélérer: *to fast-forward*

Le Festival de Cannes: Il a lieu tous les ans en mai depuis 1939. Le prix principal est la Palme d'or.

Les César: L'Académie des arts et techniques du cinéma décerne les César chaque année depuis 1976. Cette distinction est comparable, en France, aux Oscars américains. Le nom de ce prix vient du sculpteur César qui a réalisé les statuettes remises aux vainqueurs (c'est la raison pour laquelle le mot ne se met jamais au pluriel).

Le Prix Lumière: Ce prix est décerné par 200 correspondants de la presse étrangère. Les frères Lumière étaient des pionniers du cinéma à la fin du XIXe siècle.

Le Prix Méliès: Il est décerné par le Syndicat français de la critique de cinéma et récompense le meilleur film français de l'année. Georges Méliès était un cinéaste au début du siècle.

Le Prix Louis-Delluc: Ce prix (décerné tous les ans depuis 1937) couronne le meilleur film français de l'année. Louis Delluc (1890-1924) était un cinéaste et est considéré comme le fondateur de la critique cinématographique.

L'Académie Nationale du Cinéma: elle a été créée en 1982 et compte 40 membres (tous des personnalités du cinéma) qui décernent leur prix chaque année.

COMMENT EXPRIMER VOTRE OPINION

je pense que : *I think that*
je crois que : *I believe that*
je trouve que : *I find that*
j'estime que : *I consider that*
je suppose que : *I suppose that*
il me semble que : *it seems to me that*

j'aime : *I like*
j'adore : *I love*
je déteste : *I hate*
je préfère : *I prefer*
cela m'est égal : *I don't mind*

à mon avis : *in my opinion*
je suis d'avis que : *I am of the opinion that*
je suis du même avis que : *I am of the same opinion as*
je partage l'opinion de : *I agree with*
je partage le point de vue de (quelqu'un) : *I share (someone)'s point of view*
je suis d'accord avec : *I agree with*
je ne suis pas d'accord avec : *I disagree with*
j'ai changé d'avis : *I changed my mind*

en ce qui me concerne : *as far as I am concerned*
j'ai l'impression que : *I am under the impression that*
j'ai dans l'idée que : *I have an idea that*
je suis persuadé(e) que : *I am convinced that*
je suis convaincu(e) que : *I am convinced that*
je doute que : *I doubt whether*
je mets en doute : *I question*
cela me fait penser à : *this reminds me of*
cela me rappelle : *this reminds me of*

ADRESSES UTILES

Vente de vidéos et DVD

En français, sous-titrées en anglais, en format NTSC:

Amazon: www.amazon.com
Applause: www.applauselearning.com
    Tél: (800) 277-5287
Blockbuster: www.blockbuster.com
Continental: www.continentalbook.com
    Tél: (303) 289-1761 ou (718)326-0560
Facets: www.facets.org
    Tél : (800) 532-2387
Pierre Books: www.pierrebooks.com
    Tél : (888) 702-0766
Vedette Visuals: www.vedettevisuals.com
    Tél: (253) 564-4960
Version Française: www.francevision.com
    Tél : (800) 835-7537
World of Reading: www.wor.com
    Tél: (800) 729-3703

En français, sans sous-titres (format NTSC):

Arc-en-plume: www.arcenplume.ca
    Tél: (514) 341-5304
In French: www.infrench.com
    Tél: (888) 751-8882
Renaud-Bray: www.renaud-bray.com

En français, sans sous-titres (format SECAM):

Alapage: www.alapage.com
    Tél: (011-33) 892-35-07-08
César: www.cinestore.com
FNAC : www.fnac.com
    Tél: (011-33) 1-53-56-28-00

Vente de photos et de posters

Jerry Ohlinger's Movie Material Store, Inc
242 West 14th St - New York, NY 10011
    Tél : (212) 989-0869
    Fax : (212) 989-1660

Librairie Ciné Reflet
    14, rue Serpente - 75006 Paris
    Tél : (011-33) 1-40-46-02-72
    Fax : (011-33) 1-40-46-87-04

Sites Internet intéressants

Actualités du cinéma: www.cinefil.com (tous les films du moment)
Afrique: www.africultures.com (site des cultures africaines avec des pages sur le cinéma africain)
Art et essai: www.art-et-essai.org (site de l'Association Française des Cinémas d'Art et d'Essai qui défend le cinéma indépendant)
Bandes annonces: www.1001ba.com (possibilité de visionner la bande annonce de dizaines de films)
Bibliothèque: www.edu.bifi.fr (site de la Bibliothèque du Film: informations sur les films, les acteurs, les vidéos, les périodiques de cinéma)
Cannes (Festival de Cannes): www.festival-cannes.org (les films, les jurys, les Palmes d'or, le calendrier, les archives)
Cinémathèque: www.cinematheque.tm.fr (site de la Cinémathèque française, qui collectionne les films, les archives et les appareils liés aux techniques du cinéma)
CNC: www.cnc.fr (site du Centre National de la Cinématographie: articles, dossiers, publications, statistiques)
Festivals: www.filmfestivals.com/fr/index.html (les grands festivals de cinéma en Europe et en Amérique du Nord)
Films:
    www.edu.bifi.fr/decouvrir-index.html (pour chaque film: tournage, générique, résumé, palmarès, exploitation, vidéo, bibliographie)
    www.ecrannoir.fr/films/filmsq.htm (pour chaque film: fiche technique, casting, résumé, critique, liens)
    www.diplomatie.gouv.fr/culture/france/index.html (pour chaque film: générique, résumé, photos)
    http://us.imdb.com (site en anglais – pour chaque film: générique, résumé, palmarès, critiques, citations)
Histoire du cinéma:
    www.diplomatie.fr/culture/france/biblio/folio/cinema (100 ans de cinéma français)
    http://culturel.org/ADPF/CINEMA (histoire du cinéma français de 1960 à 1990)
Paris: www.vdp.fr (site du Forum des Images, anciennement appelé Vidéothèque de Paris: collectionne tous les films qui ont Paris pour sujet ou pour décor – possibilité de consulter les fiches des films)
Personnalités:
    www.ecrannoir.fr/stars/index.html (site d'Ecran Noir: excellentes pages sur les personnalités: leur portrait, leur filmographie, leurs récompenses et prix, leur adresse)
    www.allocine.com (pour chaque personnalité: sa filmographie, son actualité très détaillée, son adresse, des pages sur ses films, des articles de journaux)
    www.monsieurcinema.com (portrait, filmographie et articles de journaux)
    http://us.imdb.com (site en anglais avec le portrait et la filmographie de nombreuses personnalités)

Presse:
- *Cahiers du Cinéma*: www.cahiersducinema.com (mensuel sur le cinéma)
- *Le Film Français*: www.lefilmfrancais.com (hebdomadaire des professionnels de l'audiovisuel)
- *Positif*: www.jmplace.com/positif.cfm (mensuel sur le cinéma)
- *Première*: www.premiere.fr (mensuel sur le cinéma)
- *Télérama*: www.telerama.fr (hebdomadaire culturel avec des articles sur les films qui sortent)

Promotion: www.unifrance.org (site d'Unifrance, dont le but est de promouvoir le cinéma français dans le monde: pages sur les films, les festivals, les acteurs, les réalisateurs, les distributeurs et la vie des films à l'étranger et en France)

CREDITS

Text :
Marcel Pagnol, excerpt from *Jean de Florette* © Edition Bernard de Fallois, marcel-pagnol.com

Photos :
Jean de Florette - © Pathé Renn Productions

Notes personnelles